Christof Arnold

DANKE!

Ein Übungsbuch zum Ausfüllen

BOOKS on DEMAND

Alle Rechte vorbehalten
© 2018 Christof Arnold
Herstellung und Verlag: BoD – Books on Demand,
Norderstedt
Lektorat: Ina Balfanz, Andreas Grunau
Buch- und Coverlayout: Andreas Grunau
www.laudatio-verlag.de
Illustrationen: Designed by Freepic & Vecteezy
Autorenfotos: D. Heinrich, Essen
ISBN 9783752833515
www.bod.de

Christof Arnold

Danke!

Ein
Übungsbuch
zum
Ausfüllen

BoD™
BOOKS on DEMAND

Inhalt

Tipps und Tricks 69

„Dankbarkeit ist der
Schlüssel zum Paradies"

Christof Arnold (Trio Chrio)

Einfach nur „Danke"?

„Danke" war lange Zeit ein Wort, das ich irgendwie automatisch sagte, aber häufig nicht fühlte. Klar, als Kind wurde mir eingebläut, danke zu sagen, wenn ich etwas bekam, aber dass man das auch fühlen konnte, war mir damals nicht bewusst.

Irgendwann hatte ich dann mal darüber gelesen, aber erst, als mein Bruder mir einmal aus der Patsche half, konnte ich die Dankbarkeit das erste Mal wirklich fühlen. Es hatte anscheinend etwas mit Liebe zu tun und mit Bewusstwerdung, aber so ganz hatte ich es noch nicht verstanden.

Erst als ich das Wunder der Geburt meiner Tochter miterleben durfte, konnte ich so völlig in dem Gefühl der Dankbarkeit aufgehen und es spüren. Diese Kraft, die dieses Gefühl hat und einem gibt, Wahnsinn! Das spornte mich an, auf die Suche zu gehen, wie ich dieses Gefühl wieder erleben könnte.

Ich kaufe immer noch jedes Buch zum Thema Dankbarkeit, um zu schauen, ob jemand anderes noch andere Wege gefunden hat. Hier in dem Buch findest du ein paar davon. Viel Freude bei der Erkundung!

Wie du dieses Buch für dich am besten nutzen kannst

Dieses Buch ist in drei Teile aufgeteilt und eignet sich für den Anfänger in Sachen Dankbarkeit genauso gut wie für den Profi. Der Anfänger startet einfach mit Teil 1 und geht dann chronologisch weiter. Der Fortgeschrittene kann, wenn er möchte, gleich mit Teil 3 starten, oder er schnuppert einfach noch mal in den Anfang hinein. Keinesfalls empfehle ich den direkten Einstieg in Teil 2, „Die Hohe Schule der Dankbarkeit", denn ohne entsprechende Vorübungen könnte dies sehr befremdlich und missverständlich sein. Oder kannst du dir jetzt schon vorstellen, dankbar zu sein für etwas, was dir gar nicht gefällt?

Des Weiteren ist es gut, Dinge zu wiederholen, damit sie sich festsetzen, und deshalb gibt es die eine oder andere Wiederholung auch hier in diesem Büchlein. Da wir gemeinsam sehr persönliche Themen angehen, benutze ich hier die Du-Form. Außerdem verwende ich meist die männliche Schreibweise.

Wie viel Dankbarkeit ist in deinem Leben?

Wie sieht es gerade in Sachen Dankbarkeit bei dir aus? Ich vermute mal, da du dieses Buch in Händen hältst, hast du für dich festgestellt, dass davon gerne noch mehr in dein Leben passen würde. Doch wie soll das denn überhaupt gehen, Dankbarkeit üben? Das klingt so nach Arbeit und das ist gerade das, was du nicht auch noch gebrauchen kannst, oder? Das kann ich gut verstehen, deshalb habe ich die Übungen in den beiden Praxisteilen so einfach wie möglich und recht spielerisch aufgebaut. Hierdurch kannst du Spaß dabei haben, dich in mehr Dankbarkeit zu üben.

Also dann starten wir gleich mal mit einer davon, die sinnigerweise auch noch „Dankbarkeitsfreude" heißt.

Dankbar – Warum eigentlich?

Dankbarkeitsfreude

Als Erstes denk an etwas, was dir so richtig viel Freude bereitet hat. Bei mir ist das das Schaukeln mit ca. 4 Jahren, bei dem mir einer meiner Brüder immer wieder neuen Anschwung gegeben hat. Geh ganz in diese Erinnerung, so dass du die Freude in deinem Körper wieder spüren kannst ... Gut so!

Wenn ich dich jetzt fragen würde, ob du dankbar für diese Erfahrung bist, würdest du sehr wahrscheinlich mit einem lauten „Ja!" antworten. Gut, dann bedank dich jetzt innerlich bei den Beteiligten, den Umständen oder wem auch immer, und spür, wie diese Dankbarkeit die Freude noch erhöht.

Na, das war doch nicht schwierig, oder? Und es hat sogar noch richtig Spaß gemacht. Was uns zu der Frage führt: Warum machen wir das nicht öfters? Weil es zu einfach ist? Weil das ja nicht wirklich etwas verändert?

„Jede Reise beginnt mit dem ersten Schritt", sagen die Chinesen, und wenn du diese Übung einfach nur so überlesen hast, bitte ich dich jetzt, dir Zeit zu nehmen und sie auszuführen! Damit du wirklich das Beste aus diesem Buch für dich herausholst, mach jede noch so kleine Übung mit. Wenn dies nicht dein Ding ist, verschenk das Buch! Klar bist du frei zu tun und zu lassen, was du möchtest, aber es wär doch schade, deine Zeit hineinzustecken und anschließend nicht den vollen möglichen Nutzen davon zu haben.

Verordnete Dankbarkeit

Vielleicht hat das vorherige Kapitel ein etwas ungutes Gefühl beschert, denn die meisten von uns haben nicht nur gute Erinnerungen zum Thema Dankbarkeit.

Ich nenn mal wieder beispielhaft etwas aus meiner Kindheit: Die Tante kommt zu Besuch und bringt etwas für mich als Geschenk mit. Die Ansage meiner Mutter kennst du sicherlich aus eigener Erfahrung: „Was sagt man, wenn man etwas geschenkt bekommen hat?" Klar, ich hatte es mittlerweile auch schon kapiert und sagte automatisch danke, obwohl ich noch gar nicht wusste, ob mir das Geschenk überhaupt gefallen würde.

Das heißt, viele von uns sind dazu gedrängt worden, danke zu sagen, ohne wirklich ein Gefühl der Dankbarkeit in sich zu spüren. Deshalb fällt es vielen heute als Erwachsene so schwer, danke zu sagen.

Warum eigentlich dankbar sein?

Was dir Dankbarkeit alles bringen kann, wirst du erst am Ende des Buches wirklich ganz verstehen. Hier vorab eine kleine Auswahl:

* Mehr Freude

* Bessere Gesundheit

* Schnellere Heilung

* Innere Zufriedenheit

* Bessere Beziehungen

* Mehr Energie

* Mehr Erfolg

Ist das Ansporn genug für dich, jetzt mit mir in die Praxis der Dankbarkeitsübungen zu gehen?

Was kann ich?

Es ist schön, wenn du etwas Besonderes kannst, doch bei dieser Übung fangen wir einfach mal mit dem an, was du für selbstverständlich nimmst. Hier ein paar Beispiele von mir:

* Ich kann ganz normal atmen.
  Danke! Danke! Danke!

* Ich kann ganz normal gehen.
  Danke! Danke! Danke!

* Ich kann gut hören.
  Danke! Danke! Danke!

* Ich kann meine Finger bewegen.
  Danke! Danke! Danke!

* Ich kann gut riechen.
  Danke! Danke! Danke!

* Ich kann mir selber etwas kochen.
  Danke! Danke! Danke!

* Ich kann mich alleine anziehen.
  Danke! Danke! Danke!

Das Prinzip ist denk ich mal klar. Auf der nächsten Seite kannst du jetzt alles notieren, was du kannst. Falls du Startschwierigkeiten hast, schreib einfach meine Beispiele auf, sofern sie zu dir passen.

Ich kann ...

Danke! Danke! Danke!

Was habe ich?

Diese Übung ist für die meisten die am einfachsten auszuführende. Hier wieder ein paar Beispiele von mir:

❋ Ich habe zehn Finger.
Danke! Danke! Danke!

❋ Ich habe zwei Arme.
Danke! Danke! Danke!

❋ Ich habe zwei Beine.
Danke! Danke! Danke!

❋ Ich habe gute Freunde.
Danke! Danke! Danke!

❋ Ich habe eine Arbeit.
Danke! Danke! Danke!

❋ Ich habe eine Wohnung.
Danke! Danke! Danke!

❋ Ich habe genug zu essen.
Danke! Danke! Danke!

❋ Ich habe schöne Bücher.
Danke! Danke! Danke!

So, jetzt du. Was hast du alles?

Ich habe ...

Danke! Danke! Danke!

Weil ich ... habe, kann ich ...

Jetzt kombinieren wir die beiden vorangegangenen Übungen. Beispiele von mir:

* Weil ich zwei Beine habe, kann ich gehen. Danke! Danke! Danke!

* Weil ich eine Lunge habe, kann ich atmen. Danke! Danke! Danke!

* Weil ich Freunde habe, kann ich gemeinsam mit ihnen etwas unternehmen. Danke! Danke! Danke!

* Weil ich zwei Beine habe, kann ich tanzen. Danke! Danke! Danke!

* Weil ich gesunde Augen habe, kann ich lesen. Danke! Danke! Danke!

* Weil ich ein Bett habe, kann ich darin schlafen.
Danke! Danke! Danke!

* Weil ich in Deutschland lebe, kann ich meine Meinung frei äußern.
Danke! Danke! Danke!

Wie sieht es bei dir aus? Was kannst du, weil du etwas anderes hast?

Weil ich habe, kann ich ...

Danke! Danke! Danke!

Ich bin dankbar für ...

Bei dieser Übung kannst du einfach mal alles aufführen, wofür du dankbar sein kannst/könntest. Hier meine Beispiele:

* ✳ Ich bin dankbar für
  meinen Firmenauto. Danke!

* ✳ Ich bin dankbar für
  meine Fähigkeit zu denken. Danke!

* ✳ Ich bin dankbar für
  meinen Computer. Danke!

* ✳ Ich bin dankbar für die Beweglich-
  keit meiner Finger. Danke!

* ✳ Ich bin dankbar für
  mein warmes Essen. Danke!

* ✳ Ich bin dankbar für das Geld,
  das ich verdiene. Danke!

* ✳ Ich bin dankbar für die Heizung
  in meiner Wohnung. Danke!

* ✳ Ich bin dankbar für
  meine T-Shirts. Danke!

Jetzt wieder du!

Ich bin dankbar für ...

Danke! Danke! Danke!

Ich bin dankbar für ..., weil ...

Diese Form bringt noch mehr Kraft in unsere Aussagen. Hier wieder meine Beispiele:

* ❋ Ich bin dankbar für meine beweglichen Finger, weil ich dadurch alles gut greifen kann. Danke!

* ❋ Ich bin dankbar für meinen Firmenwagen, weil ich ihn auch privat nutzen darf. Danke!

* ❋ Ich bin dankbar für meine Beziehungen zu meinen Partnerinnen, weil wir so viel Freude hatten. Danke!

* ❋ Ich bin dankbar für meine Verdauung, weil ich durch sie alles gut verwerten kann. Danke!

* ❋ Ich bin dankbar für meine Beine, weil ich mit ihnen problemlos gehen, rennen und tanzen kann. Danke!

Hast du bemerkt, dass ich bei den letzten beiden Übungen nur noch einmal danke gesagt habe anstatt dreimal? Was findest du besser? Wofür kannst du dankbar sein, und warum?

Ich bin dankbar für ..., weil ...

Danke! Danke! Danke!

Gelegenheiten, danke zu sagen

Wenn wir bewusst im Dankbarkeitsmodus sind, finden wir ganz viele Situationen, für die wir dankbar sein können. Hier meine Beispiele:

⁜ Ich bezahle an der Kasse und habe mich vergriffen und der Kassiererin zu viel Geld gegeben, welches sie mir zurückgibt. Danke!

⁜ Ich will nur zwei Teile kaufen und an der Kasse steht jemand mit einem vollen Einkaufswagen, der sieht, dass ich nur zwei Teile habe, und lässt mich vor. Danke!

⁜ Ich bin im Restaurant gut bedient worden. Danke!

⁜ Meine Freundin kommt zu mir gefahren, weil sie weiß, wie viel ich letzte Woche gefahren bin. Danke!

⁜ Ich kann meinen Freund zu jeder Tages- und Nachtzeit anrufen. Danke!

Welche Gelegenheiten fallen dir ein?

Gelegenheiten, „Danke!" zu sagen ...

Danke! Danke! Danke!

Dankbarkeit in den Tagesablauf einbauen

Damit du wirklich von der Dankbarkeit profitieren kannst, wäre es gut, neben den in der letzten Übung aufgeführten Gelegenheiten feste Zeiten einzuplanen, in denen du dich der Dankbarkeit widmest. Hier meine Beispiele:

* Ich wache morgens auf und mir wird bewusst, dass ich noch lebe. Danke!

* Beim Aufstehen merke ich, dass dies ohne Schmerzen abläuft. Danke!

* Ich kann ohne Schmerzen Wasser lassen. Danke!

* Ich habe genügend Sachen zum Anziehen. Danke!

* Ich habe noch Brot und Aufstrich im Haus, so dass ich mir ein wunderbares Frühstück machen kann. Danke!

* Der Wagen springt an und ich kann zur Arbeit fahren. Danke!

Welche Gelegenheiten gibt es für dich?

Mein Tagesablauf mit Dankbarkeit

Danke! Danke! Danke!

Was, wenn ich kaum etwas habe, wofür ich dankbar sein kann?

Diese Frage lässt sich ganz einfach beantworten: Sei für das Wenige, was du hast und kannst, dankbar!

In Teil 2, „Die Hohe Schule der Dankbarkeit", erfährst du, wie du für Dinge, Menschen und Ereignisse dankbar sein kannst, die für dich alles andere als dankenswert sind. Ich bitte dich jedoch, vorher jede der vorangegangenen Übungen 3–7-mal gemacht zu haben und wirklich ein starkes Gefühl der Dankbarkeit empfunden zu haben.

Die hohe Schule der Dankbarkeit

Das wirkliche Leben

Herzlichen Glückwunsch, dass du es bis hierhin geschafft hast, oder hast du doch sofort hier aufgeschlagen?
Wenn du die Übungen gemacht hast, wirst du vielleicht auch mal den Gedanken gehabt haben: „Na, ob das hilft? Und wie soll ich das denn in mein Leben integrieren?"

Damit du nicht denkst, ich hätte schon immer so einfach mit Dankbarkeit umgehen können, schildere ich dir nachfolgend beispielhaft einen ganz normalen Tagesanfang von mir, wie er früher typischerweise verlaufen ist.

Der ganz normale Wahnsinn

Ich vernehme undeutlich ein Geräusch, dieses Geräusch wiederholt sich permanent. Ist das der Wecker? Oh nein, es ist der Wecker!!! Hektischer Griff zur Schlummertaste und rumgedreht. Dies je nach Tagesform 3–5-mal immer wieder. Hmm, ich muss jetzt glaub ich aufstehen, es ist nicht Wochenende. Ich hab keinen Bock! Ach Mist, raus jetzt! Oh, so spät schon, verdammt! Also schnell zur Toilette,

dann ins Bad, nur noch Zeit für eine Katzen-
wäsche. Muss ich mich rasieren? Nein, mir
doch egal!

Weiter geht's mit dem Ankleiden: Das Hemd
ist doch noch gut. Oh nein, die Schuhe sind
nicht geputzt, egal jetzt. Ich gucke in der
Küche, ob es etwas Essbares gibt, was ich
mitnehmen kann. Nix Vernünftiges, dann
muss ich gleich noch beim Bäcker reinsprin-
gen und mir zwei belegte Brötchen kaufen.
Jetzt aber raus.

Im Auto auf dem Weg zur Arbeit: Blödmann!
Kannste nicht Auto fahren?! Oh ne, schon
wieder im Stau, die kriegen das einfach nicht
hin. Keine Baugenehmigung, weil irgendeine
Kröte brütet und ich muss hier im Stau stehen. Aber das interessiert ja keine Sau.

Beim Bäcker: Was ist das denn für eine
Schlange? Wie, nur eine Bedienung? Wo ist
denn die Kollegin? Hey, war ich jetzt nicht
dran? Na ja, die kann nur froh sein, dass ich
so eine gute Kinderstube genossen habe.

Auf der Arbeit: Oh ne, warum gibt der Chef
immer mir diese blöden Aufgaben, die

anderen können doch auch mal was tun, aber nee, die sind ja damit beschäftigt, ihm in den A... zu kriechen. Wenn ich das Geld nicht so dringend bräuchte, würd ich sofort kündigen. Ach, so ein Lottogewinn, der käme mir jetzt gerade recht. Ich wüsste schon, was ich damit alles machen würde ...

Und so weiter und so weiter ... Ich würde jetzt gerne sagen, dass ich mir Obiges ausgedacht habe, aber leider war so der tägliche Wahnsinn in meinem Leben.

Nachfolgend erhältst du von mir Aufgaben zum Thema Dankbarkeit, die keinesfalls einfach sind. Sie haben mir jedoch geholfen, heute ein glücklicheres Leben zu führen. Falls du schon bei einer der Überschriften einen Widerstand in dir fühlst, könnte gerade diese Aufgabe der Schlüssel zum Erfolg sein.

Ich bin dankbar
für meinen Wecker

„Na, das fängt ja gut an", hör ich dich jetzt denken. „Wie soll ich das denn jetzt anstellen?" Ganz einfach: Überlege dir mal, wann es wichtig war, dass dein Wecker funktioniert hat.

Vielleicht weil du früher aufstehen musstest, um deinen Flieger in den Urlaub zu bekommen? Vielleicht weil du dadurch die Sportübertragung nicht verpasst hast?

Wenn dir gar nichts einfällt, dann nimm doch die alltägliche Routine, denn die meisten von uns wachen ohne Wecker meist nicht pünktlich auf.

Danach nimmst du den Satz „Ich bin dankbar, dass der Wecker funktioniert, danke, danke, danke!" und schreibst ihn einfach dreimal auf und sagst ihn auch nochmals dreimal laut. Falls du es bisher noch nicht gemacht hast, tu es bitte jetzt, denn nur dann haben diese Sätze auch eine Wirkung.

Ich bin dankbar für meine Mutter

„Wie bitte? Bis zur vorigen Seite fand ich es ja noch ganz spaßig, aber das ist doch wohl zu viel, das kann nicht dein Ernst sein!" So oder so ähnlich könnten jetzt einige reagiert haben, als sie obige Zeile gelesen haben, und ja, es ist mein Ernst.

Wenn wir wirklich mehr Energie, mehr Freude und mehr Gesundheit in unserem Leben haben wollen, wäre es gut, sich mit den „offenen Baustellen" im eigenen Leben zu beschäftigen. Wie also könntest du es anstellen, für deine Mutter dankbar zu sein, die dich vielleicht geschlagen hat, dich vielleicht (im Extremfall) gar nicht haben wollte?

Hier mein Vorschlag: Warst du jemals in einer extremen (Not-)Situation, in der du dich ganz untypisch sehr emotional verhalten hast, vielleicht selber die Hand gegen jemanden erhoben oder geschrien hast, oder in der du dich bewusst abgekapselt hast und den anderen deine volle Kälte hast spüren lassen?

Geh jetzt einmal als Erwachsener in die Erinnerung an eine Situation, in der sich deine Mutter nicht in deinem Sinne verhalten hat. War sie vielleicht auch überfordert, oder hat sie es so von ihrer Mutter übernommen? Meist ist solch ein Verhalten über viele Generationen weitergegeben worden, ohne es zu hinterfragen.

Du hast jetzt die große Chance, diesen Teufelskreis zu durchbrechen! Wenn du sagst: „Ja, das möchte ich", dann – und erst dann – kann die Übung ihre volle Wirkung entfalten. Schreibe also jetzt mindestens dreimal auf:

Ich bin dankbar für meine Mutter.

Sag es bitte auch noch dreimal laut. Falls gar nichts geht, überlege einmal, ob du ihr nicht dankbar dafür sein könntest, dass du auf die Welt gekommen bist.

Ich bin meiner Mutter dankbar dafür, dass sie mich geboren hat. – Hmm, geht das?
Falls es haken sollte, ist das ganz normal, denn bis jetzt hast du ja anders gedacht.

Eine weitere Hilfe: Gibt es irgendetwas, was du an deiner Mutter gut gefunden hast, und sei es nur ein ganz kleines Detail, dann formuliere den Satz nach folgendem Muster:

Ich bin meiner Mutter dankbar, weil ...

(Ich bin meiner Mutter dankbar, weil sie so einen tollen Kuchen backen konnte und ich die Teigschüssel auslecken durfte.)

Ich bin dankbar
für meinen Vater

Horche auch hier wie bei der Mutter in dich hinein, welche Kommentare bei dem obigen Satz in deinem Kopf hochkommen.

Wenn da ein klares Ja kommt, dann herzlichen Glückwunsch, denn es ist sehr schön, mit seinem Vater im Reinen zu sein. Falls nein, empfehle ich eine ähnliche Vorgehensweise wie bei der Mutter. Meist sind es ja zwei Themen beim Vater, zum einen die Gewalt und zum anderen das Nicht-da-Sein. Schau auch hier einmal, ob du irgendetwas an deinem Vater findest, für das du ihm dankbar sein kannst.

Ich bin meinem Vater dankbar, weil …

(Ich bin meinem Vater dankbar, weil er nicht da war und ich dadurch selber Wege finden konnte, um Probleme zu lösen.)

Noch ein ganz anderes Kaliber ist natürlich ein sexueller Missbrauch, entweder vom Vater selber ausgeführt oder durch andere (vor dem der Vater sein Kind nicht geschützt hat). Dies ist etwas, bei dem ich glaube, dass die Grenze für ein Buch erreicht ist und dieses Thema besser in einem anderen Rahmen bearbeitet werden sollte. In diesem Fall empfehle ich dir, Kontakt mit einem Arzt oder Therapeuten aufzunehmen.
(Und ja, es ist dann irgendwann möglich, dem anderen zu vergeben und dankbar dafür zu sein, dass man dies dann kann.)

Ich bin dankbar für meine(n) Schwester/Bruder/Geschwister

„Och ne, jetzt auch noch das! Ich hab gar keine Lust mehr, nach all dem mit meinen Eltern." Okay, okay, wie wäre es, wenn wir es mal umdrehen:

Meine Geschwister können dankbar sein, dass sie mich haben!

Ich bin immer gut zu ihnen gewesen. Ich habe immer alles gerne mit ihnen geteilt. Ich war immer für sie da, wenn sie Hilfe benötigten. Ich habe lieber auf etwas verzichtet, nur damit sie es besser haben, und haben sie es mir jemals gedankt?

(Einige dieser Zitate höre ich übrigens auch öfters von Müttern.)

Klar können deine Geschwister dankbar sein, dass sie so einen Goldschatz wie dich haben/ hatten, aber sie müssen es nicht. Genauso wie du nicht dankbar sein musst, sondern dich dafür entscheidest, weil du gemerkt hast, dass es dir gut tut, dankbar zu sein.

(Das hoffe ich doch, dass du das jetzt für dich schon gespürt hast.) Du kennst das jetzt schon:

Ich bin dankbar für mein ...., weil ....

(Ich bin dankbar für meine Brüder, weil ich eine Menge von ihnen lernen konnte, auch speziell, wie ich nicht sein wollte!)

Ich bin dankbar für meine Arbeit

Na, das ist doch einfach, oder? Wer ist nicht glücklich, eine Arbeit zu haben, die einem hilft, den Großteil des Tages hinter sich zu bringen? Dankbar für das viele Geld, welches einem der Job einbringt! Zu wissen, dass man gebraucht wird, selbst noch nach der regulären Arbeitszeit! Sich über die Arbeit freuen, die einem die lieben Kollegen überlassen haben, bevor sie sich in den Urlaub verabschiedet haben! Ja, es gibt so viele gute Gründe dafür, dankbar zu sein für seine Arbeit! Na gut, welche sind deine Gründe?

Ich bin dankbar für meine Arbeit, weil ...

(Ich bin dankbar für meine Arbeit, weil ich dadurch mit vielen Menschen in Kontakt komme und ein gutes Einkommen habe.)

Ich bin dankbar
für meine Freunde

*N*ach so viel schwer verdaulicher Kost mal wieder etwas Leichteres!

Ich bin dankbar für meine Freunde, weil ...

(Ich bin dankbar für meine Freunde, weil sie mir zuhören, auch wenn ich mal wieder ellenlang über mein Lieblingsthema rede.)

Was aber, wenn du von einem Freund oder einer Freundin enttäuscht wurdest?
„Na, da kann ich ja wohl nicht dankbar für sein, oder?", könnte eine typische Reaktion von dir gewesen sein, und dafür musst du ihm/ihr auch nicht dankbar sein.

Vielleicht aber für die Lernerfahrung, die dir dadurch beschert wurde, denn du wirst jetzt sicherlich anders vorgehen.

Du wirst dir genauer anschauen, wen du in Zukunft deinen Freund/deine Freundin nennen willst. Vielleicht kannst du dich aber auch an schöne gemeinsame Zeiten erinnern. Ein Beispiel von mir:

Ich bin dankbar für die gemeinsamen Ausflüge, die ich mit Susanne machen konnte.

Warum eigentlich dankbar sein?

Wenn du bis jetzt mitgemacht hast, dann erst einmal ein Dankeschön von mir dafür. Vielleicht ist dir aufgefallen, dass ein einfacher Satz wie „Ich bin dankbar für meine Mutter" eine ganze Menge in dir auslösen bzw. anstoßen kann. Es kommen vielleicht alte Verletzungen hoch oder aber auch schöne gemeinsame Erlebnisse und Zeiten.

Wir haben dann die Sätze mit „weil" erweitert, weil unser Gehirn Sätze mit einer Begründung besser akzeptieren kann.
Eventuell kennst du ja das Kopiererexperiment, bei dem jemand in einer Schlange von Menschen, die auch kopieren wollen, vorgelassen wird, einfach nur weil er eine Begründung nennt. Jetzt lass dir die Begründung auf der Zunge zergehen: „Darf ich vorgehen, ich muss kopieren!" Unglaubliche 90 % haben ihn vorgelassen. Das Tolle ist, es funktioniert auch, wenn du dir selber eine Begründung lieferst. Beispiel von mir:

Ich bin dankbar, dass ich heute zu spät gekommen bin, weil ich dadurch gesehen habe, dass ich auch später kommen kann.

Noch mehr Beispiele:

Ich bin dankbar, dass meine Nachbarn immer so laut sind, weil ich dann auch laut sein kann.

Ich bin dankbar für das Geschenk meiner Tante, mit dem ich überhaupt nichts anfangen kann, denn jetzt habe ich etwas, das ich weiterverschenken kann.

Ich bin dankbar, dass mir heute schlecht ist, denn jetzt weiß ich, dass ich rechtzeitig mit dem Essen aufhören sollte.

Jetzt du:

Ich bin dankbar ..., denn/weil ...

Bewusster danke sagen

Wie häufig sagen wir fast automatisch danke, ohne lange darüber nachzudenken und ohne wirklich ein Gefühl der Dankbarkeit zu empfinden.

Ich möchte dir vorschlagen, dies wieder bewusster zu tun, denn dann habt du und der andere mehr davon. Hier hilft wieder unser Durst nach dem Warum. Suche also möglichst häufig nach einer Begründung für dein Danke, auch wenn es eigentlich offensichtlich ist, wofür du dich bedankst.

Mein Beispiel: Eine Arbeitskollegin setzt extra mehr Wasser auf, weil sie weiß, dass ich auch gleich etwas brauche, um mir einen Tee machen zu können.
„Danke, dass du an mich gedacht hast, Julia, und für mich mit Wasser aufgesetzt hast, das finde ich sehr lieb von dir. So kann ich direkt meinen Tee genießen."

Vielleicht findest du es jetzt übertrieben, sich für ein bisschen Wasser zu bedanken, doch ich bin der Meinung, dass auch kleine Gesten groß gewürdigt werden dürfen.

Klar ist aber auch, dass dies wirklich aus dir kommen muss, denn sonst klingt es sehr unglaubwürdig und geht eher nach hinten los.

Generelle und brisante Themen

Ich kann in diesem kleinen Büchlein nicht alle Themen unterbringen, die den Einzelnen beschäftigen mögen, deshalb hier nur ein paar Stichpunkte, die dir helfen sollen, Themen zu identifizieren, die dich mehr oder weniger unbewusst noch belasten könnten:

* Tochter – Sohn – Fehlgeburten – Adoption

* Aussehen – Gewicht

* Lügen, mit denen du lebst

* Ungelöster Streit

* Missbrauch in jeglicher Form

* Andere Traumata

* Unheilbare Krankheiten

* Ängste

Es sei nochmals gesagt, Dankbarkeit kann keine Dinge ungeschehen machen und soll auch nichts verharmlosen.

Auch entlässt es den anderen nicht aus seiner Verantwortung. Diese Themen mit Dankbarkeit zu verbinden kann jedoch eine Menge immer noch gebundener Energie freisetzen. Hier ein Beispiel für sexuellen Missbrauch:

Ich bin dankbar, dass ich dieses schlimme Erlebnis überlebt habe und mein Körper mir heute die Kraft gibt, mit diesem Ereignis umzugehen. Danke! Danke! Danke!

Hierbei ist es unerheblich, ob der zweite Teil des Satzes schon stimmt oder du im Moment eigentlich keine Kraft hast.
Dadurch, dass du etwas Wahres (du hast überlebt) voranstellst, entscheidet dein Unbewusstes, auch das Folgende als Wahrheit einzustufen. Noch besser ist es, wenn du zwei oder mehr Wahrheiten voranstellst:

Ich bin dankbar, dass ich dieses schlimme Ereignis überlebt habe und heute daran denken kann und atmen kann, und dass mein Körper mir heute die Kraft gibt, mit diesem Ereignis umzugehen. Danke! Danke! Danke!

Bitte mach diese Übung, auch wenn du im Moment noch nicht glauben kannst, dass das helfen kann. Denn es hilft! Ähnlich verhält es sich schweren Erkrankungen:

Ich bin dankbar, dass ich trotz schwerer Erkrankung noch Dinge finden kann, für die ich dankbar sein kann.

Wenn jemand stirbt:

Ich bin dankbar für die Zeit, die ich mit ihm/ ihr verbringen konnte, und ich bin dankbar für all die wunderbaren Erinnerungen, die mir niemand mehr nehmen kann.

Mach dich ganz bewusst auf die Suche, und du wirst bestimmt etwas finden.

Ich bin dankbar
für den Tod

Ich hoffe, dass du nicht einfach vom Inhaltsverzeichnis direkt auf diese Seite gesprungen bist, denn was jetzt kommt, wäre vielleicht ein wenig zu viel für den Anfang.

Ich bin dankbar, dass es den Tod gibt, denn er hilft mir, noch intensiver und dankbarer für jeden Tag zu sein, den ich erleben darf mit all den Menschen, die ich liebe.

Natürlich bin auch ich traurig und voller Kummer, wenn ein mir nahestehender Mensch stirbt. Das Leben wird nie mehr so sein wie vorher, und ja, es dürfen natürlich Tränen fließen, denn ich hatte meist nicht damit gerechnet, und ja, es dürfen auch andere Emotionen hochkommen wie z. B. Wut!

Emotionen sind übrigens ein wunderbarer Wegweiser zu unseren unbewussten Glaubenssätzen. (Mehr dazu in meinem nächsten Buch.)

Ich starte dann recht schnell damit, mir die schönen Momente in Erinnerung zu rufen und das Gefühl der Dankbarkeit zu spüren für die gemeinsamen Zeiten. Dies gibt mir Trost und neue Kraft für die kommende Zeit.

Nebenbei bemerkt, in unserem Körper sterben täglich zig Tausende von Zellen, ohne dass wir etwas davon bemerken!

Ich bin dankbar für den Lehrmeister Tod, denn er erinnert mich an die Kostbarkeit des Lebens! Durch den Tod kann ich das Leben so leben, dass er jederzeit kommen kann!

Dankbarkeit bei Traumata

Traumata müssen gar keine so schrecklichen Dinge als Auslöser haben, besonders in unserer Kindheit, wo wir noch nicht wirklich erkennen konnten, was etwas Schlimmes ist und was vielleicht aufgrund unserer damaligen „Größe" nur so gewirkt hat.

Egal, was es war, es hat bei uns zu einem Zustand geführt, der als Erstarrung bekannt ist. Diese Reaktion ist die letzte Alternative, die wir als Möglichkeit haben, wenn wir etwas Bedrohliches weder bekämpfen noch vor diesem flüchten können. Diese dann eingekapselten Erstarrungen behindern uns mehr oder weniger im täglichen Leben.

Hier kann Dankbarkeit helfen, die Erstarrung aufzubrechen. Wenn wir in meiner Praxis gemeinsam an deinem Trauma arbeiten (bei Traumata empfehle ich immer die gemeinsame Arbeit mit einem Therapeuten), dann werde ich dich z. B. Sätze sagen lassen wie:

„Ich bin dankbar, dass mein Körper eine Strategie gefunden hat, mit dem Trauma umzugehen."

„Ich bin dankbar, dass ich dieses Trauma erleben durfte."

Gerade der letzte Satz setzt voraus, dass der Klient wirklich Vertrauen zu mir hat und deshalb seine innere Reaktion beobachten kann, ohne gleich wütend die Behandlung zu verlassen.
Hier ist es das Ziel, in die Emotion zu kommen, denn dann kann auch die eingekapselte Erstarrung gelöst werden. (Lesetipp: Peter A. Levine „Sprache ohne Worte")

Dankbarkeit ist der Schlüssel zum Paradies

„**W**as kommt denn jetzt? Fängt er jetzt an, religiös zu werden?" Keine Panik, ich möchte dich nur zu einem Experiment anregen, das, du ahnst es schon, recht verrückt klingt:

Sage einen Tag lang zu allem danke. Du magst jetzt denken: „Das ist wirklich verrückt! Das geht doch nicht!" Hier ein möglicher Verlauf:

Was ist das für ein Geräusch? Oh nein, der Wecker! Ach, ich sollte doch dankbar sein für alles. Okay, ich versuch es heute. Also danke, Wecker, dass du klingelst, und danke, dass ich dich ausmachen kann, hehehe!

Och ne, schon wieder der Wecker. Gut, danke, dass du klingelst, und ja, ich steh jetzt auf. Halt, ich darf ja noch einen Moment liegen bleiben, um dankbar dafür zu sein, dass ich noch lebe. Hat doch auch was Gutes, diese Dankbarkeitsnummer.
Okay, ab zur Toilette. Jetzt sitz ich hier und

soll danke sagen, dass ich auf die Toilette gehen kann? Ist doch normal, oder? Ach, jetzt fällt mir meine Blasenentzündung wieder ein. War das eine Qual beim Wasserlassen. Langsam versteh ich, was er meint mit dankbar sein für die Dinge, die so selbstverständlich sind. Aber wenn ich jetzt aktuell die Blasenentzündung hätte, dann könnte ich doch nicht dafür danke sagen, das ist doch völlig verrückt.

Ach ja, das hat er ja auch geschrieben, dass das recht verrückt klingt. Ich werd gleich mal einen Kommentar schreiben, dass das nicht nur verrückt klingt, sondern auch ist, und das ja kein Normalsterblicher machen kann!!! Ich bleib erst mal beim Dankesagen für die Sachen, die schön sind und die sonst so selbstverständlich sind.

Jetzt, wo ich im Auto sitze und der Wagen springt an, ja, dafür kann ich dankbar sein, aber hey, nicht für den Typen, der mir schon wieder die Vorfahrt nimmt. Doch irgendwie bin ich gar nicht mehr so sauer. Komisch, ist wohl doch ganz gut, mit Dankbarkeit den Tag zu beginnen. Na, da bin ich ja gespannt, wie das heute im Büro weitergeht.

Och ne, der liebe Kollege hat sich in den Urlaub verabschiedet und mir per E-Mail mitgeteilt, was noch alles zu erledigen ist. Na danke, Herr Kollege, schönen Urlaub!

Ach ja, Urlaub, hmmh, mein letzter war richtig schön. Ich war so glücklich, dass ich der Bedienung zum Abschluss einen Zwanziger gegeben habe. Die Bedienung war total geplättet, was mich selber nochmals glücklicher gemacht hat. Ach ja, war das schön! So, jetzt mal sehen, was der Kollege denn noch offen hat. Na, halb so schlimm, ich mach mich gleich mal ran.

Das lief ja ganz gut heute auf der Arbeit, also sag ich mal artig danke! Fühlt sich irgendwie komisch an, aber wenn es hilft. Also zum Feierabendverkehr sag ich mal nicht danke, sonst denkt das Universum, dass ich das mag und schickt mir mehr davon.

Zum Schluss des Tages soll ich noch mal schauen, wofür ich richtig dankbar sein könnte. Okay, ich bin dankbar dafür, dass der Tag irgendwie schön war, mal abgesehen davon, dass ich arbeiten musste, haha.

So oder so ähnlich könnte sich das Kopfkino auch bei dir abspielen, wenn du es das erste Mal versuchst. Keiner ist von Anfang an perfekt und gerade ich habe lange gebraucht, um annähernd dahin zu kommen, für alles dankbar zu sein. Doch wenn ich es geschafft habe, dann kannst du es doch auch. ☺

Herzöffnung
durch Dankbarkeit

Hier möchte ich kurz eine Geschichte von
Alan Cohen aus dem Buch „Dankbarkeit
erfüllt mein Leben" von Louise Hay erwähnen:

Nachdem Alan zusammen mit seinem zehnjährigen Patenkind den Nachmittag verbracht hatte, brachte er das Mädchen zurück
zu seinem Zuhause. Es war ein ausrangierter
Schulbus in dem Samantha mit ihren Eltern
wohnte.
Sie bat Alan mit hinauf in ihr „Zimmer", einen
provisorischen hölzernen Verschlag.
Alan wurde sehr traurig, dass sie und ihre
Familie unter so einfachen Bedingungen hau-
sen mussten. Einzig ein bunter Wandteppich,
den Samatha an einer Seite angebracht hatte,
stach ein wenig hervor.
Auf die Frage von ihm, wie sie es findet, dort
zu wohnen, erhielt er von der Zehnjährigen
jedoch ein strahlendes
„Ich liebe meine Wand!".
Was ihn perplex machte, denn er hatte statt
dessen eine bedrückende Antwort von ihr
erwartet.

Als ich diese Geschichte las, kamen mir die Tränen und mein Herz ging auf ob der Tatsache, was ich im Vergleich dazu alles hatte und dass ich mich trotzdem oft beklagte.

Es war einfach nur ein Perspektivwechsel nötig, um in der selbstgemachten Hölle das Paradies wiederzuentdecken.

Danke! Danke! Danke!

Nein danke – danke nein!

Ganz am Anfang hatten wir das Thema aus der Kindheit, das die meisten von uns ja auch erlebt haben: Wir sollten uns bedanken, obwohl wir noch gar nicht wussten, ob uns das Geschenk gefällt oder nicht.

So ähnlich ist es ja häufig heute noch. Wir bekommen etwas als Geschenk mitgebracht, und wir können es überhaupt nicht gebrauchen. Wie häufig sagst du trotzdem danke? Wäre es nicht ehrlicher und besser für beide Beteiligten, wenn du liebevoll nein danke sagst? Der andere denkt ja, er hätte dir eine Freude bereitet, und bringt dir beim nächsten Mal wieder etwas Ähnliches mit.

Mein Beispiel: Ich feiere Geburtstag, und jemand, der mich noch nicht so gut kennt, bringt eine Flasche Wein mit. Das Dumme ist nur, ich trinke seit über 40 Jahren keinen Alkohol und kann deshalb überhaupt nichts damit anfangen. Ich sage ihm/ihr dann direkt, dass ich mich freue, dass er/sie mir etwas mitgebracht hat, es jedoch leider das ganz falsche Geschenk sei, da ich seit über 40 Jahren keinen Alkohol mehr trinke und dies auch nicht mehr beabsichtige, er/sie dies aber ja noch gar nicht wissen konnte.

Dies bringt in dem Moment ein ungutes Gefühl, weil wir ja anders erzogen wurden, aber im Nachhinein ist dies immer noch besser, als wenn ich mich für die Flasche Wein bedanke und der Besuch im Nachhinein erfährt, dass ich gar nichts damit anfangen kann.

Womit wir wieder bei dem Punkt sind, dass das Danke aus meiner Sicht einen ehrlichen Hintergrund haben sollte. Klar, die kleinen Notlügen scheinen bequemer zu sein, aber machen sie dich wirklich glücklicher oder produzieren sie nicht häufig, wie in diesem Fall, weitere schlechte Gefühle?

Tipps
&
Tricks

Tipps und Tricks

Hier nochmals kurz die wichtigsten Hilfen:

Wiederholungen

Um etwas Neues als Gewohnheit zu etablieren, braucht es meistens 21–30 Wiederholungen.

Begründungen

Unser Gehirn akzeptiert alles besser, wenn es begründet ist, weil es Begründungen liebt, und seien sie noch so sinnfrei wie diese hier.

Details

Du musst nicht gleich den „Kotzbrocken" von Chef lieben, es hilft aber, wenn du ein Detail (mehrere sind noch besser) findest, für das du deinem Chef dankbar sein kannst.

Wahrheiten

Wenn du eine Wahrheit (gerne mehr) voranstellst, dann nimmt das Gehirn auch den Rest für bare Münze, denn das Gehirn ist faul.

Variationen

Dadurch, dass du die Dankessätze variierst, wird es dir nicht langweilig und du hast mehr Freude an der Ausführung.

Leichte Kost

Wie du an diesem Büchlein gesehen hast, ist es gut, erst einmal mit den Sachen anzufangen, die dir leicht von der Hand gehen, weil du dann für Größeres gewappnet bist.

Aktuelles Gefühl

Du merkst, dass du gerade nicht gut drauf bist? Dann könnte dir folgende Übung helfen:

Zehn Finger

Immer wenn mir bewusst wird, dass ich gerade unzufrieden bin oder ich mich unnütz ärgere, kommt diese Übung zum Einsatz.
Ich schau auf meine Hände und sehe zehn Finger.
Wie gut, dass ich zehn Finger habe.
Danke!Toll, dass ich alle ohne Probleme bewegen kann. Danke!
Und was ich alles damit machen kann: mich anziehen, anderen Menschen die Hand geben, einen anderen zärtlich berühren. Oh Mann, danke!!!
Nicht auszudenken, die armen Menschen, die durch irgendwelche Schicksalsschläge einen oder mehrere Finger oder gar ihre Hand/ Hände verloren haben.

Oh, da fällt mir wieder Herr N. ein, der lange bei meiner Tante zur Untermiete gewohnt hat. Der hat im Krieg eine komplette Hand und an der anderen Hand bis auf den Zeigefinger alle Finger verloren. Danke, dass es mir so gut geht!

Natürlich kannst du die Übung auch abwandeln, indem du etwas anderes einsetzt wie z. B. deine Beine, deine Augen etc.

Logik 2. Ordnung

Der Begriff und die Technik sind angelehnt an ein Verfahren, das von Dr. Michael Bohne entwickelt wurde (siehe „Bitte klopfen" in den Literaturhinweisen). Hierbei nehmen wir die noch vorhandene Unsicherheit auf und verdrehen diese. Ein Beispiel von mir:

Auch wenn ich noch unsicher bin, ob ich meinem Ex-Chef jemals dankbar sein werde, dass er mir keine Gehaltserhöhung gegeben hat, nur weil ich mich anders ernährt habe als er, bin ich meinem Chef dankbar.

Sicherlich hat jetzt irgendwas in dir gestockt, weil dieser Satz ja unlogisch ist, doch kurioserweise wirkt er. Ich kann meinem Chef heute für diese Erfahrung dankbar sein, und noch viel wichtiger, die Erinnerung belastet mich nicht mehr. Noch ein Beispiel:

Auch wenn ich mir noch überhaupt nicht vorstellen kann, dass ich meinem Vater jemals dankbar sein kann dafür, dass er überhaupt keinen Kontakt zu mir gehalten hat, als sich meine Eltern getrennt haben, und ich ihm deshalb immer noch eine Fernbedienung für meine Gefühle in die Hand gebe, bin ich meinem Vater dankbar.

Als Hilfsmittel wird gleichzeitig der Körper im Bereich oberhalb der linken Brust berührt. (Für die genaue Ausführung siehe meinen YouTube-Kanal triochrio.)

Dankesbox

Vielleicht kennst du ja schon die Idee, Dinge, die gut gelaufen sind, auf einem Zettel zu notieren und in einer Box für schlechte Tage zu sammeln. Ganz ähnlich ist es hier:
Immer wenn wir etwas Tolles für uns bemerken, schreiben wir es auf und packen es in unsere Dankesbox.
Dies ist gerade für diejenigen eine schöne Alternative, die sich ungern zu einem festen Zeitpunkt hinsetzen und ein Dankbarkeitstagebuch führen.
Für die Technikaffinen gibt es natürlich auch die moderneren Varianten wie Sprachaufzeichnung oder eine Bildersammlung mit schönen Momenten.
Vielleicht motiviert es dich ja auch, einen Blog anzufangen und jeden Tag darüber zu schreiben, für was man gerade dankbar ist oder sein könnte, wenn, ja wenn nicht dies oder das gewesen wäre.

Denk dran, du brauchst nicht gleich zu einer/ einem Heiligen zu werden und für alles dankbar zu sein!!! Doch Vorsicht, du könntest nahe dran sein. Viel Freude und Erfolg auf deinem Weg!

Dankesbriefe

Vielleicht kennst du die Idee, einen Brief zu schreiben, schon als eine Möglichkeit, mit einer Person ins Reine zu kommen, die entweder nicht mehr lebt oder sich einer Versöhnung verweigert. Ähnlich verhält es sich mit einem Dankesbrief.

Fang am besten mit einer Person an, bei der es dir leicht fällt, ihr zu danken, denn dadurch kommst du in Übung.
Mach das ruhig noch für zwei andere Personen, bei denen dir einige Sachen einfallen, für die du ihnen dankbar bist.

Danach könnte der Zeitpunkt gut sein, dir selbst einen Dankesbrief zu schreiben.
Starte einfach mit den „Ich habe ..."- und den „Ich kann ..."-Sätzen, die du ganz am Anfang aufgeschrieben hast, und lass dich überraschen, was dir während des Aufschreibens noch alles einfällt.

Wenn dir zwischendurch etwas einfällt, wofür du dir noch nicht dankbar sein kannst, verwende die Methode der 2. Logik!

Dann nimmst du dir eine Person, mit der du vielleicht noch ein unschönes, ungeklärtes Thema hast, und schaust, ob da nicht doch etwas sein könnte, wofür du ihr dankbar sein könntest, weil du ja jetzt schon weißt, wie heilsam das sein kann. Denk auch hier an die Logik der 2. Ordnung.

Hast du es gemacht? Dann danke ich dir für das Vertrauen und hoffe, dass du erfolgreich warst. Wenn nicht, nimm mit mir Kontakt auf, ich bin dir gerne dabei behilflich.

Tagesroutine

In einem früheren Kapitel sprach ich davon, die Dankbarkeit in den Tagesablauf einzubauen. Für viele von uns ist es jedoch hilfreich, sich feste Zeiten zu nehmen, zu denen man sich darauf konzentriert.

Da, wohin ich meine Aufmerksamkeit lenke, lenke ich auch die Energie. Um diesen Fokus zu steuern, kann es besser sein, wenn man sich Dinge aufschreibt.

Ich weiß natürlich nicht, wann für dich die beste Zeit dafür ist, vielleicht spielst du auch einfach damit. Setz dich auch nicht unter Druck, indem du eine feste Zahl vorgibst an Dingen, die du aufschreiben musst.

Schön wäre es, wenn du jedoch mehr als eine Sache findest, für die du gerade dankbar sein kannst, denn dann fällt es dir leichter, diese Dankbarkeit auch zu fühlen.

Was übrigens das Wichtigste an dieser Übung ist, denn dann wirst du sie auch morgen wieder gerne machen. Wenn du gar keine Idee hast, durchstöbere doch deine vorherigen

Aufzeichnungen oder nimm dir einige Anregungen aus diesem Büchlein.

Wenn du etwas aufgeschrieben hast, wofür du dankbar bist, dann halte kurz inne, lese, wenn möglich, den Satz laut vor und spüre, welche Reaktionen er in deinem Körper auslöst. Dann fahre fort mit dem Aufschreiben. Wenn du dann alles hast, beende den Text mit: Danke! Danke! Danke!

Dankbarkeit verankern

Diese Übung nutzt eine Technik, die aus dem NLP bekannt ist. Wenn dir NLP (NeuroLinguistisches Programmieren) kein Begriff ist, vergiss ihn gleich wieder, denn ihn zu kennen ist dankenswerterweise nicht nötig für die Ausführung.

Als Erstes bringe dich durch eine der vorherigen Übungen in einen Zustand tiefer Dankbarkeit und berühre dann eine Stelle am Körper, die normalerweise nicht so häufig von dir oder auch anderen berührt wird. Dies könnte z. B. das Knie sein oder eine andere Stelle am Bein.
Mache diese Übung dreimal hintereinander. Danach beschäftigst du dich einfach für kurze Zeit mit etwas anderem. Dann berührst du den Punkt wieder, und wenn du es richtig gemacht hast, dann wirst du das Gefühl der Dankbarkeit erneut in dir spüren. Jetzt hast du das Gefühl der Dankbarkeit also an einem Punkt an deinem Körper verankert und kannst es bei Bedarf wieder abrufen. Mit der Zeit ist es gut, wenn du den Anker (so heißt das im NLP) immer mal wieder bewusst auflädst.

Dranbleiben

Wenn wir früher als Baby nach unserem ersten missglückten Versuch, uns hinzustellen, damit aufgehört hätten, es immer und immer wieder neu zu versuchen, dann säßen wir alle noch heute als Erwachsene auf dem Boden und würden uns vielleicht krabbelnd fortbewegen.

Nein, wir haben es immer und immer wieder versucht, bis wir unter dem Applaus der Erwachsenen endlich stehen bleiben konnten. Dann folgte die nächste Herausforderung, das Gehen. Konntest du sofort nachdem du auf deinen Beinen stehen konntest, losgehen und dich normal fortbewegen? Sehr wahrscheinlich nicht, und so hast du auch hier unzählige Male damit verbracht, das Gehen/Laufen zu erlernen.

Heute hast du all dies verinnerlicht und du denkst nicht mehr weiter darüber nach.

(Dafür könnte man auch danke sagen.)

Warum sollte das nicht auch mit dem Erlernen der Dankbarkeit funktionieren?

Also: Dranbleiben! Dranbleiben! Dranbleiben! Gerne spielerisch und mit Humor, denn Rom ist ja auch nicht an einem Tag erbaut worden.

Etwas, was mir am Herzen liegt

Wenn ich dankbar bin, dann, so meine Erfahrung, bin ich auch automatisch glücklicher, und wenn ich glücklicher bin, habe ich weniger Angst, etwas zu verlieren, neide weniger und bin achtsamer.

Vielleicht könnte also Dankbarkeit auch dazu beitragen, dass wir bereit sind, den anderen so zu lassen, wie er sein möchte, und er im Umkehrschluss uns ebenso.

Dankbar, dass die Mutter Erde uns (er-)trägt und nährt, und sie deshalb sorgsamer behandeln, so dass noch viele Generationen nach uns auf ihr leben können. Dies hoffe ich für dich und mich. Vielleicht treffe ich dich ja auch bei einer meiner vielen Aktionen auf der Straße.

Hier, wenn du magst, eine schöne Aktion zum Mitmachen: Verschenke heute dreimal ganz bewusst ein Danke.

Danke! Danke! Danke!

Danksagungen

Es gibt so unendlich vieles, für das ich danke sagen kann, und es gibt auch so viele Menschen, bei denen ich mich aus tiefstem Herzen bedanken möchte.

Es war schön, eine kürzere oder längere Strecke meines Lebens mit euch geteilt zu haben bzw. immer noch zu teilen. Ich möchte keine der Erfahrungen missen, auch die zum jeweiligen Zeitpunkt nicht so guten, denn ich konnte aus allen etwas lernen.

Ein ganz besonderer Dank gebührt meinen Eltern, denn wenn sie nicht zusammengefunden hätten, gäbe es mich in der Form ja gar nicht, und so kann ich weiter zurückgehen zu all meinen Vorfahren und danke sagen.

Ein weiterer besonderer Dank gebührt meinem Bruder Wolfgang und seiner Frau Rita, die in schweren Zeiten immer an meiner Seite waren. Danke! Danke! Danke!

Herausheben möchte ich auch all meine Partnerinnen, die eine bestimmte Zeit mit mir gemeinsam durchs Leben gegangen sind.

Ich habe viel von euch gelernt. Danke!

In diesem Sinne freue ich mich über ein ehr-
liches Feedback zu diesem kleinen Büchlein und sage nochmals danke, dass du dabei
geblieben bist.

Über den Autor

Christof Arnold, geb. 1958 (Künstlername: Trio Chrio), beschäftigt sich seit über 30 Jahren mit den Themen Gesundheit, Glück und Selbsthilfe.

Als Aktionskünstler ist er auf den Straßen unterwegs und macht so „verrückte" Sachen wie wildfremde Menschen umarmen, mit ihnen lachen und einfach zuhören.

Als Rebell in der Therapie hat er die Therapiepiraten gegründet, die verschiedene Ansätze zur Heilung kombinieren.

Als spiritueller Coach arbeitet er mit Dankbarkeit, Liebe, Achtsamkeit und ganz viel Freude.

Kontakt:
www.miracura.de

Echt lesenswert!

Louise Hay: „Dankbarkeit erfüllt mein Leben"

Rhonda Byrne: „The Magic"

Pam Grout: „Sei dankbar & werde reich"

Klaus W. Vopel: „Dankbarkeit und positive Emotionen"

Barbara Stöckl: „Wofür soll ich dankbar sein?"

Liv Larsson: „Dankbarkeit, Wertschätzung und Glück"

Manfred Mohr: „Das Wunder der Dankbarkeit"

Gregg Krech: „Die Kraft der Dankbarkeit"

Mary Jane Ryan: „Gelebte Dankbarkeit"

Elizabeth Clare Prophet: „Dankbarkeit"

Ursula Richard: „Dankbarkeit macht glücklich"

Alfred R. Stielau-Pallas: „Die Macht der Dankbarkeit"

Yves-Alexandre Thalmann: „Das kleine Übungsheft Dankbarkeit"

Rüdiger Dahlke: „Worte der Dankbarkeit und des Vertrauens"

Jasmin Rosenberg: „Dankbarkeit"

T. Breise: „Dankbarkeit"

Jutta Vogt-Tegen: „Mein Dankbarkeits-Tagebuch"

Dr. Michael Bohne: „Bitte klopfen"

Peter A. Levine: „Sprache ohne Worte"

Raum für eigene Notizen

Raum für eigene Notizen

Raum für eigene Notizen

Raum für eigene Notizen